PRIMES ALLOUÉES

AUX

ÉDUCATEURS DE VERS A SOIE

INSTRUCTIONS

pour l'application de la loi du 11 juin 1909
et du décret du 10 avril 1910.

NIMES
IMPRIMERIE A. CHASTANIER
12 — rue Pradier — 12

1910

MINISTÈRE
DE L'AGRICULTURE

DIRECTION
DE L'AGRICULTURE

3e BUREAU

RÉPUBLIQUE FRANÇAISE

Paris, le 25 avril 1910.

INSTRUCTIONS

pour l'application de la loi du 11 juin 1909 et du décret du 10 avril 1910, en ce qui concerne les primes allouées aux éducateurs de vers à soie.

MONSIEUR LE PRÉFET,

J'ai l'honneur de vous adresser le texte de la loi du 11 juin 1909 relative aux encouragements spéciaux à donner à la sériciculture, ainsi que le texte du décret du 16 avril 1910 rendu pour l'application de cette loi.

En ce qui concerne la prime elle-même, la loi du 11 juin 1909 maintient pour vingt années le taux fixé par la loi du 2 avril 1898. Mais elle contient une innovation importante : la création dans chacun des départements séricicoles d'une Commission de contrôle des primes. Le paragraphe 2 de l'article 2 de la loi, dans le but de faciliter le contrôle de cette Commission, établit les règles qui devront être observées pour la confection des emballages immédiats contenant les graines de vers à soie destinées à être mises en incubation. Je dois d'ailleurs vous faire immédiatement observer qu'aux termes de l'article 10 du décret, ces dispositions ne seront applicables qu'à partir de la campagne 1911 ; il était, en effet, impossible de les appliquer cette année, les emballages étant actuellement depuis longtemps confectionnés et les éducateurs de vers à soie ayant déjà acheté leurs graines.

Vous remarquerez que le décret supprime la visite et l'expertise des éducations que réglementait l'article 2 du décret du 28 mai 1898. Cette formalité entraînait des dépenses d'une certaine importance qui ont paru inutiles, étant donné le peu d'efficacité qu'elle présentait au point de vue du contrôle. Il a été jugé préférable d'entourer de plus de garanties la pesée des cocons.

Le nouveau décret comporte à cet égard un certain nombre d'innovations destinées à prévenir les fraudes et dont je vais vous faire connaître l'économie générale, avant de passer à l'examen de chaque article du décret.

Pour éviter les déclarations majorées de mise en incubation, le bulletin de déclaration dont il est parlé à l'article 1er sera muni d'un talon mentionnant la quantité des graines, talon qui sera, le soir même du dépôt de la déclaration, envoyé à la Préfecture.

Des agents, dépendant de l'Administration des finances, pourront se rendre chez les éducateurs et se faire représenter les emballages ayant contenu ces graines ou les contenant encore.

Pour prévenir, d'autre part, la fraude qui consiste à augmenter le poids des cocons présentés au moyen de matières étrangères, ou à les présenter plusieurs fois, des agents de l'Administistion des finances pourront assister aux pesées, en contrôler les résultats et aussi vérifier chez les éducateurs, qui devront les conserver à cet effet pendant la journée de la pesée et la matinée du lendemain, la présence des cocons déjà pesés. En outre, les emballages ayant contenu les graines mises en incubation devront être présentés au moment de la pesée ; ils seront immédiatement détruits et ne pourront ainsi servir pour une seconde pesée.

En troisième lieu et afin de pouvoir constater que les ventes de cocons correspondent à peu près aux pesées faites, différentes mesures ont été prises, afin de permettre aux agents des Contributions indirectes qui contrôlent les filatures de rapprocher les ventes effectuées par les éducateurs des carnets d'entrée et de sortie des filateurs.

Les considérations ci-dessus vous font connaître, Monsieur le Préfet, l'économie générale et le fonctionnement du système adopté. Quoique le décret soit très explicite et entre dans des détails circonstanciés, je crois utile de vous donner néanmoins quelques indications sur les dispositions contenues dans chacun des articles.

ARTICLE PREMIER. — La déclaration exigée par l'article premier doit être faite par l'éducateur au plus tard le 1er mai. Les maires devront donc repousser toute déclaration faite après cette époque.

Toutefois, s'il arrivait qu'un éducateur, par suite de la non éclosion ou de la perte de ses œufs, se trouvât dans la nécessité de mettre de nouvelles graines à l'incubation et d'en modifier la quantité, il pourrait être admis à faire une déclaration complémentaire.

Cette déclaration est inscrite sur un registre fourni par l'Administration et qui comporte une souche, un volant et un talon. Le volant est remis à l'éducateur, le talon est envoyé à la Préfecture par le Maire, le soir même de la déclaration.

La création du talon a été décidée après l'impression des registres que je vous ai adressés récemment et qui ne comprennent que la souche et le volant. Les talons ont dû être imprimés à part. Je vous envoie, en même temps que la présente circulaire, un nombre égal au nombre des feuillets contenus dans les registres que vous avez reçus ; vous voudrez bien les répartir entre les communes séricicoles de votre département, en invitant les maires à les remplir comme s'ils étaient attenants aux registres et à se conformer aux prescriptions du décret relativement à leur envoi à la Préfecture.

Il n'est rien innové en ce qui concerne l'affiche qui doit être apposée à la porte de la Mairie.

Art. 2. — Je ne vois aucune recommandation à vous faire sur cet article qui, d'ailleurs, ainsi que je vous l'ai fait remarquer précédemment, ne sera applicable qu'à partir de la campagne 1911.

Art. 3. — Cet article est relatif à la pesée des cocons. Il faut remarquer que les mots « jours, heures et lieux » ayant trait à la pesée portent la marque du pluriel. La perfection serait de pouvoir effectuer le pesage des cocons le même jour partout à la fois. Malheureusement cette condition n'est pas réalisable ; on devra toutefois s'efforcer de s'en rapprocher le plus possible. Le maire désignera pendant la période du décoconnage les jours de pesage, de façon à ne compromettre aucun des intérêts des sériciculteurs. L'attention toute spéciale des maires devra être attirée sur cette si importante recommandation.

Dans une commune séricicole étendue, le maire pourra, s'il le juge utile, établir plusieurs bureaux de pesée afin d'éviter l'encombrement. Si une commune comprend des hameaux très éloignés du centre ou situés en montagne, le maire aura la faculté d'établir un bureau de pesée dans chacun de ces hameaux.

Le maire devra annoncer dans sa commune, par les voies et moyens ordinaires, les jours, heures et endroits où auront lieu les pesées.

Il devra, autant que possible, confier le soin de la pesée à des peseurs assermentés ; la chose sera réalisable dans les communes où se tiennent des marchés. Si aucun peseur ne réside dans la commune, il confiera le soin des pesées à une personne sûre, telle que le garde-champêtre, l'instituteur ou le secrétaire de la mairie.

Le maire ou son représentant devra, avant la pesée, exiger de l'éducateur la présentation de son bulletin et des emballages ayant contenu les graines ; il le lui remettra après y avoir indiqué, séance tenante, le poids des cocons présentés ainsi que le nombre des emballages. Je vous rappelle que, pour cette année, les prescriptions relatives aux emballages ne seront pas appliquées.

L'indication des pesées partielles ne sera pas

portée sur l'affiche apposée à la porte de la Mairie. L'affiche ne doit porter que le poids total des cocons de chaque éducateur.

C'est d'après le procès-verbal que le poids des cocons et le nombre des emballages seront portés sur la souche du registre.

Les sériciculteurs devront, pendant toute la journée de la pesée et la matinée du lendemain, conserver les cocons enfermés dans les emballages dans lesquels ils auront été pesés, de manière à les représenter intacts à l'agent de l'Administration des Finances, s'il en fait la demande.

ART. 4. — Le Maire dressera un état récapitulatif des pesées effectuées dans sa commune, le certifiera exact et vous l'adressera en y joignant les procès-verbaux des pesées et les registres à souche. Vous aurez à transmettre de suite toutes ces pièces à la Commission de contrôle.

ART. 5. — L'article 5 établit la composition, le fonctionnement et les attributions de la Commission de contrôle, que préside le Trésorier-Payeur général ou son représentant. En dehors des trois membres de droit désignés par le décret je dois nommer par arrêté les quatre autres membres. Je vous serai obligé de vouloir bien, dès le reçu de la présente circulaire, m'adresser vos propositions en ce qui concerne la désignation des deux sériciculteurs et du filateur ou graineur.

Je n'ai besoin de vous recommander de porter votre choix sur des personnes d'une compétence et d'une honorabilité absolues et auxquelles leur situation, leurs occupations et la proximité de leur résidence puissent permettre de donner leur concours régulier à la Commission. Ces fonctions sont entièrement gratuites.

C'est à vous qu'il appartient de convoquer la Commission à l'époque que vous jugerez opportune ; vous voudrez bien à cet égard vous entendre avec son Président.

Le décret attribue à la Commission une compétence générale pour l'application régulière de la loi du 11 juin 1909. C'est elle qui prescrit les enquêtes et qui, en cas de fraude ou de présomption de fraude, adresse aux Ministres des Finances et de l'Agriculture un rapport dont elle porte les conclusions à votre connaissance.

Art. 6. — Cette dernière prescription a pour but de vous permettre de suspendre la liquidation des primes revenant aux séribiculteurs qui ont été l'objet d'un rapport de la Commission.

Lorsque la Commission aura terminé ses opérations, elle vous retournera toutes les pièces. Vous aurez alors à procéder à la liquidation des primes, en délivrant pour chaque commune un état collectif des sommes à payer.

Vous me ferez connaître le montant du crédit qui vous sera nécessaire pour effectuer le payement des primes. Cette demande contiendra seulement l'indication, par commune, du nombre total des éducateurs qui ont droit à une prime, le poids total des cocons présentés par eux et le total des primes à leur payer.

En présence du grand nombre des éducateurs, il a fallu prévoir, pour le payement, des dispositions spéciales, afin d'éviter à votre administration l'établissement d'un mandat pour chacun des intéressés. Le décret indique qu'il vous suffira d'établir pour chaque commune un état collectif des sommes à payer. Cet état devra mentionner le nom de chaque éducateur, avec l'indication en regard du montant de la prime.

Au lieu de procéder à l'établissement de mandats individuels, vous n'aurez qu'à délivrer au nom du Trésorier-Payeur général, sur les crédits budgétaires que je vous déléguerai, un mandat unique représentant la dépense pour l'ensemble du département ; ce mandat devra être appuyé d'états collectifs dressés pour chaque commune. Les colonnes relatives au poids des cocons et au montant des primes allouées devront être totalisées. Les états, certifiés et arrêtés par vous, devront être renfermés dans un bordereau récapitulatif qui résumera, pour toutes les communes du département, les résultats inscrits dans les deux colonnes susvisées et qui présentera, par conséquent, un total exactement conforme au montant du mandat que vous aurez émis.

Le Trésorier-Payeur général transmettra ces états aux percepteurs qui devront effectuer le payement contre émargement des ayants droit et contre remise du bulletin de déclaration auquel devra être épinglé le talon du récépissé dont il est parlé à l'article 8 du décret. Ces comptables n'auront pas bien entendu, à vérifier les indications fournies par les bulletins ni à rapprocher les chiffres qui y seront inscrits de la liquidation définitive qui figurera sur l'état collectif. Ils se borneront à frapper les bulletins du timbre *Payé* et à les rattacher audit état collectif.

Les états collectifs présentent un décompte complet de liquidation et sont suffisants pour la justification à produire à la Cour des comptes à l'appui du mandat général délivré au nom du Trésorier-Payeur général. En conséquence, vous devez garder dans vos archives tous les documents fournis par les mairies : registres à souche, procès-verbaux de pesée, états récapitulatifs de pesée. Ces documents seront nécessaires à la Commission de contrôle pour répondre aux réclamations qui pourraient se produire.

Quant aux bulletins remis aux comptables par les éducateurs, lors du payement, ils seront réunis par la Trésorie générale et classés dans ses archives.

En cas de perte de son bulletin, l'éducateur devra vous adresser une demande motivée sur papier timbré, en vue d'obtenir une autorisation de payement. Après avoir procédé à une enquête sur cette demande, vous me la transmettrez avec votre avis et je statuerai sur la suite à y donner.

ART. 7. — Dès que la liquidation des primes sera terminée, en même temps que vous me demanderez le crédit nécessaire pour le payement, vous devrez donner communication au Maire de chaque commune de l'état collectif prévu à l'article 6, état qui doit contenir le nom de chaque éducateur et le montant de la prime qui lui est allouée. Le Maire devra immédiatement reproduire ces indications sur l'affiche apposée à la porte de la Mairie.

D'autre part, aussitôt que les primes pourront être touchées par les intéressés, vous en aviserez le Maire de chaque commune, en lui indiquant la caisse qui devra effectuer le payement.

Ces renseignements devront être portés de suite sur l'affiche à la place réservée pour cette indication.

C'est à partir du jour où l'affiche aura reçu ces dernières indications que courra le délai de deux mois pendant lequel elle devra rester apposée à la porte de la Mairie.

ART. 8. — Les prescriptions très détaillées contenues dans cet article ont, au point de vue de la fraude, une importance qui ne vous échappera pas. Lorsqu'il se présente à la caisse chargée du payement, l'éducateur doit remettre au comptable non seulement le bulletin qui lui a été délivré par la Mairie au moment où il a fait sa déclaration et qui établit son droit à la prime, mais encore le ou les récépissés qu'il aura exigés de son acheteur et sur lesquels sont déclarés la qualité des cocons vendus et le poids exact pour lequel ils ont été vendus.

En admettant que l'éducateur ait réussi, malgré les garanties dont le décret a entouré la formalité du pesage, à faire peser deux fois les mêmes cocons ou à en augmenter le poids par l'addition de matières étrangères, comme il ne peut vendre que les cocons réellement produits, il ne pourra tirer bénéfice de sa fraude, puisqu'en touchant sa prime il se dessaisira du récépissé à lui remis par l'acheteur. Il ne lui reste, en effet, plus rien dans les mains, puisqu'immédiatement après la vente de ses cocons il aura remis le second volant au Maire qui devra le transmettre le jour même à la Commission de contrôle par votre intermédiaire. Peut-être sera-t-il parvenu à faire peser deux fois ses cocons; mais il ne pourra toucher qu'une fois la prime à laquelle il a réellement droit.

Le contrôle, organisé par l'article 8, paraît donc devoir efficacement empêcher la réussite de la fraude tentée.

Art. 9. — Dans le cas où une contestation se produirait, soit au cours des opérations, soit au moment du payement de la prime, c'est à la Commission de contrôle que l'éducateur devra s'adresser. Si la réclamation se produit lorsque les opérations de pesage seront terminées, l'éducateur devra toujours joindre à sa requête le bulletin qui lui a été délivré par la Mairie.

Le recours contre la décision de la Commission aura lieu devant le Ministre de l'Agriculture et, en dernier ressort, devant le Conseil d'État.

Art. 10. — Cet article édicte les mesures transitoires à adopter pour l'année 1910. Comme je vous l'ai fait remarquer au commencement de cette circulaire, ces mesures ont été rendues nécessaires par l'époque tardive à laquelle a été pris le décret.

Vous trouverez ci-après le texte des articles de la loi du 11 juin 1909 qui concernent les primes à la sériciculture ainsi que le texte du décret du 16 avril 1910. Dès le reçu des présentes instructions, vous voudrez bien faire afficher dans chaque commune la loi et le décret et les faire insérer au *Recueil des Actes administratifs* de votre département.

Je vous prie de m'accuser réception de la présente circulaire.

Le Ministre de l'Agriculture :

J. RUAU.

LOI

relative aux encouragements spéciaux à donner à la séericulture et à la filature de la soie.

Le Sénat et la Chambre des Députés ont adopté,

Le Président de la République promulgue la löi dont la teneur suit :

ARTICLE PREMIER.

A partir du 31 mai 1909, jusqu'au 31 décembre 1929, il sera alloué aux sériciculteurs une prime de soixante centimes (60 centimes) par kilogramme de cocons frais, qu'ils soient destinés à la filature ou au grainage.

ART. 2.

Dans chacun des départements séricicoles, il sera institué, par les soins du Préfet, une commission de contrôle des primes à la sériciculture.

Pour faciliter le contrôle de cette commission, les emballages immédiats contenant des graines de vers à soie devront, au moment de la vente et de la mise en vente, porter sur une banderole de fermeture, en caractères connus et apparents, le nom et l'adresse soit du producteur, soit du vendeur, ainsi que l'indication exprimée en grammes, du poids net des graines de vers à soie qu'ils contiennent, avec une tolérance maximum de cinq pour cent (5 p. 100).

Un décret rendu sur le rapport du Ministre de l'Agriculture et contresigné par le Ministre des Finances déterminera les conditions d'organisation et de fonctionnement de la commission ci-dessus prévue, ainsi que les conditions d'application de la présente loi en ce qui concerne la sériciculture.

ART. 3.

Quiconque aura contrevenu aux dispositions de l'article précédent ou se sera rendu coupable d'une tentative de fraude pour l'obtention de primes à la sériciculture, sera passible des peines portées à l'article 471 du Code pénal.

Quiconque se sera rendu coupable d'une fraude pour l'obtention des primes à la sériciculture, sera passible des peines portées aux articles 1 et 7 de la loi du 1er août 1905, sans préjudice de la restitution de la prime indûment perçue.

L'article 463 du Code pénal et la loi du 26 mars 1891 sont applicables à la présente disposition.

. . . .

ART. 11.

La présente loi est applicable à l'Algérie.

La présente loi, délibérée et adoptée par le Sénat et par la Chambre des députés, sera exécutée comme loi de l'État.

Fait à Paris, le 11 juin 1909.

A. FALLIÈRES.

Par le Président de la République :

Le Ministre du Commerce et de l'Industrie,
Jean CRUPPI.

Le Ministre de l'Agriculture,
J. RUAU.

Le Ministre des Finances,
J. CAILLAUX.

DÉCRET

déterminant, en ce qui concerne la sériciculture, les conditions d'application de la loi du 11 juin 1909 relative aux encouragements à donner à la sériciculture et à la filature de la soie.

LE PRÉSIDENT DE LA RÉPUBLIQUE,

Vu la loi du 11 juin 1909 relative aux encouragements spéciaux à donner à la sériciculture et à la filature de la soie, et notamment le § 3 de l'article 2 ainsi conçu : « Un décret rendu sur le rapport du Ministre de l'Agriculture et contre-signé par le Ministre des Finances déterminera les conditions d'organisation et de fonctionnement de la commission ci-dessus prévue, ainsi que les conditions d'application de la présente loi en ce qui concerne la sériciculture » ;

Sur le rapport du Ministre du Ministre de l'Agriculture,

Décrète :

ARTICLE PREMIER.

Les éducateurs de vers à soie, qui veulent bénéficier des primes allouées par la loi du 11 juin 1909, doivent, au plus tard le 1er mai de chaque année, déclarer à la mairie de leur commune le poids de graines de vers à soie qu'ils ont l'intention de mettre en incubation. Cette déclaration est inscrite sur un registre qui comprend une souche, un volant et un talon. Les volants sont remis aux sériciculteurs et constituent les bulletins des éducations sur lesquels seront notés les résultats des pesées.

Les talons mentionnant la quantité de graines mise en incubation sont expédiés à la préfecture tous les soirs, au fur et à mesure du dépôt des déclarations.

Les noms des éducateurs et le poids des graines mises à l'incubation sont affichés à la porte de la mairie.

ART. 2.

La banderole de fermeture que doivent porter les emballages immédiats contenant des graines de vers à soie doit être apposée de manière : d'une part, à ce que les indications exigées par la loi soient inscrites sur la banderole à un endroit qui en permette facilement la lecture, même après l'ouverture de l'emballage ; et, d'autre part, à ce qu'aucune soustraction ou substitution de ces graines ne puisse être opérée sans laisser de traces apparentes.

ART. 3.

Aux jours, heures et lieux fixés par le maire, qui en aura prévenu huit jours à l'avance la commission de contrôle, il est procédé aux pesées des cocons finis, c'est-à-dire de ceux dont le ver est transformé en chrysalide. Ces pesées se font en présence du maire ou de son représentant, assisté d'un ou de plusieurs délégués du Conseil municipal.

Des agents dépendant de l'Administration des Finances peuvent être désignés pour assister à cette opération et en contrôler les résultats. Un arrêté du Ministre des Finances déterminera les conditions de cette désignation.

Les sériciculteurs présentent leurs cocons enfermés dans des emballages portant une étiquette où figure le nom de l'éducateur.

Ils présentent en même temps les emballages ayant contenu les graines mises en incubation par eux ; ces emballages sont immédiatement détruits.

Aussitôt après la pesée des cocons, le nombre des emballages présentés et le poids des cocons sont inscrits sur la souche du registre et sur le bulletin de l'éducateur, ainsi que sur l'affiche ci-dessus mentionnée à l'article 1er.

Le procès-verbal des opérations est signé par le peseur et contresigné par le maire ou son représentant, par les délégués du Conseil municipal et, s'il y a lieu, par l'agent du Ministère des Finances.

Les sériciculteurs doivent, dans la journée de la pesée et dans la matinée du lendemain, conserver les cocons enfermés dans les emballages, de manière à les représenter intacts à l'agent de l'Administration des Finances s'il en fait la demande.

Les agents désignés par l'Administration des Finances pour les contrôles ci-dessus spécifiés auront le droit de dresser des procès-verbaux constatant les infractions à la loi du 11 juin 1909 et au présent décret. Lors de toute vérification, le sériciculteur devra remettre son bulletin à l'agent du contrôle, qui le lui rendra après l'avoir revêtu de son visa.

ART. 4.

Lorsque les pesées sont terminées, le maire dresse un état indiquant le nom des éducateurs de sa commune, avec le poids des cocons obtenus par chacun d'eux ; il y joint le procès-verbal des pesées et le registre à souche et transmet le tout au préfet, après en avoir certifié la sincérité.

Ce dernier transmet toutes ces pièces à la commission de contrôle, dont la composition est fixée par l'article 5 ci-après.

ART. 5.

La commission de contrôle instituée par l'article 2, § I, de la loi du 11 juin 1909 est composée de sept membres, savoir :

Le Trésorier-Payeur général, président, ou, à son défaut, un receveur des finances du département, désigné par le Trésorier-Payeur général ;

Le Directeur des contributions indirectes ou son délégué ;

Le chef de la division de la comptabilité de la préfecture, qui remplit les fonctions de secrétaire ;

Un représentant du Ministre de l'Agriculture ;

Deux sériciculteurs :

Un filateur ou un graineur.

Les trois premiers sont membres de droit ; les quatre autres sont désignés par arrêté du Ministre de l'Agriculture.

La commission de contrôle se réunit sur la convocation du préfet ; elle est chargée d'examiner toutes les questions relatives à l'application régulière de la loi du 11 juin 1909. Elle peut prescrire toute enquête qui lui semble nécessaire. En cas de constatation ou de présomption de fraude, elle adresse d'urgence aux Ministres de l'Agriculture et des Finances un rapport dont elle porte en même temps les conclusions à la connaissance du préfet.

ART. 6.

Lorsque la Commission a terminé ses opérations, elle retourne toutes les pièces au Préfet. Celui-ci liquide le montant des primes allouées aux éducateurs de vers à soie et délivre, pour chaque commune, un état collectif des sommes à payer. La liquidation des primes dont pourraient bénéficier les sériciculteurs faisant l'objet d'un rapport de la Commission de contrôle est suspendue jusqu'à ce que les Ministres intéressés aient statué.

ART. 7.

L'affiche visée par les articles 1 et 3 est complétée :

1° Par la mention des primes allouées à chaque éducateur ;

2° Par l'indication de la caisse chargée du payement.

Elle reste apposée pendant deux mois à la porte de la mairie.

ART. 8.

Lorsque l'éducateur se présente à la caisse chargée du payement, il doit remettre au comptable le bulletin établissant son droit à la prime auquel il annexe le ou les récépissés qu'il devra exiger des acheteurs et sur lesquels sont déclarés la qualité des cocons et le poids exact pour lequel ils ont été vendus.

Les récépissés dont il est question au paragraphe précédent sont détachés d'un carnet à souche à double volant portant le nom de l'acheteur pour le compte duquel l'achat est effectué, le nom et l'adresse de l'acheteur intermédiaire, s'il y a lieu, les noms, prénoms et adresse du vendeur, la qualité des cocons (frais, secs, percés ou chiques), le poids exact des cocons vendus et le prix payé. Ils sont signés par l'acheteur ou l'intermédiaire.

Ces carnets ont un numérotage ininterrompu et une série indiquée par une lettre pour chaque carnet. Chaque acheteur ne peut employer qu'un seul carnet de la même série pour la campagne de l'année, tout en prenant, bien entendu, dans la suite des séries, tous les carnets qui lui sont nécessaires.

Les deux volants du récépissé sont laissés au vendeur qui en épingle un à son bulletin de déclaration et de pesée et remet immédiatement l'autre au Maire qui le fait parvenir le jour même à la Commission de contrôle par les soins du Préfet.

Les talons des récépissés sont conservés jusqu'à la fin de la campagne suivante par l'acheteur qui doit les représenter à toute réquisition de la Commission de contrôle ou des agents des Contributions indirectes qui pourront en faire le rapprochement avec les carnets d'entrée et de sortie des filateurs.

Les volants sont conservés dans les archives de la Trésorerie générale pour servir à toutes les opérations de comparaison que la Commission de contrôle jugerait nécessaires les années suivantes.

Si l'éducateur est en même temps filateur, il se délivre à lui-même un récépissé dans les conditions indiquées ci-dessus.

ART. 9.

En cas de contestation, il est statué par la Commission de contrôle, sauf les recours de droit.

ART. 10.

L'article 2, ainsi que le paragraphe 4 de l'article 3 du présent décret ne seront applicables qu'à partir de la campagne de grainage 1910-1911.

ART. 11.

Le Ministre de l'Agriculture et le Ministre des Finances sont chargés, chacun en ce qui le concerne, de l'exécution du présent décret qui sera publié au *Journal officiel* et inséré au *Bulletin des lois.*

Fait à Paris, le 16 avril 1910.

FALLIÈRES.

Par le Président de la République :

Le Ministre de l'Agriculture, RUAU.	*Le Ministre des Finances,* COCHERY.

Nimes. — Typ. A. Chastanier, 12, rue Pradier.